화엄경 제29권(십회향품 제 25-7)해설

제29권에는 수순일체중생상회향품이 들어있다.

금강당보살이 등수순일체중생회향에 대하여 “쌓은 바 모든 선근을 아낌없이 회향하되 모든 악취문을 막아라(pp.1~4). 그리고 갖가지 원을 세워 보리심을 일으켜라(pp.5~20). 자·비·희·사 등 4무량심으로 회향하라(pp.21~68) 하였다.

끝으로 읊은 금강당보살의 게송은 다음과 같다.

“菩薩所作諸功德 ~ 世間疑惑悉除滅” (pp.69~81)

十迴向品 第二十五之七
십회향품 제이십오지칠

佛子云何爲菩薩摩訶薩
불자운하위보살마하살

等隨順一切衆生迴向佛子
등수순일체중생회향불자

此菩薩摩訶薩隨所積集一
차보살마하살수소적집일

切善根所謂小善根大善根
체선근소위소선근대선근

廣善根多善根無量善根種
광선근다선근무량선근종

種善根微塵數善根阿僧祇
종선근미진수선근아승기

善根無邊際善根不可思善
선근무변제선근불가사선

根不可量善根佛境界善根
근불가량선근불경계선근

法境界善根僧境界善根善
법경계선근승경계선근선

知識境界善根一切衆生境
지식경계선근일체중생경

界善根
계선근

方便善巧境界善根修諸
방편선교경계선근수제

善心境界善根內境界善根
선심경계선근내경계선근

善 선	量 량	心 심	捨 사	勝 승	界 계	外 외
根 근	三 삼	無 무	無 무	志 지	善 선	境 경
知 지	昧 매	退 퇴	不 불	究 구	根 근	界 계
一 일	善 선	善 선	受 수	竟 경	勤 근	善 선
切 체	根 근	根 근	堪 감	持 지	修 수	根 근
衆 중	以 이	以 이	忍 인	淨 정	一 일	無 무
生 생	智 지	大 대	善 선	戒 계	切 체	邊 변
心 심	慧 혜	方 방	根 근	善 선	捨 사	助 조
行 행	善 선	便 편	常 상	根 근	善 선	道 도
差 차	觀 관	入 입	精 정	一 일	根 근	法 법
別 별	察 찰	無 무	進 진	切 체	立 입	境 경

善根集無邊功德善根勤修
선근집무변공덕선근근수

習菩薩業行善根普覆育一
습보살업행선근보부육일

切世間善根
체세간선근

佛子菩薩摩訶薩於此善
불자보살마하살어차선

根修行安住趣入攝受積集
근수행안주취입섭수적집

辨具悟解心淨開示發起時
판구오해심정개시발기시

得堪忍心閉惡趣門
득감인심폐악취문

佛 불	世 세	願 원	爲 위	佛 불	顚 전	
色 색	佛 불	行 행	佛 불	法 법	倒 도	善 선
相 상	趣 취	諸 제	所 소	器 기	正 정	攝 섭
超 초	佛 불	佛 불	念 념	能 능	行 행	諸 제
諸 제	道 도	業 업	長 장	作 작	圓 원	根 근
世 세	場 량	心 심	佛 불	衆 중	滿 만	威 위
間 간	入 입	得 득	善 선	生 생	堪 감	儀 의
不 불	如 여	自 자	根 근	福 복	爲 위	具 구
樂 락	來 래	在 재	住 주	德 덕	一 일	足 족
生 생	力 력	等 등	諸 제	良 량	切 체	遠 원
天 천	具 구	三 삼	佛 불	田 전	諸 제	離 리

不(불)貪(탐)富(부)樂(락)不(불)著(착)諸(제)行(행)一(일)切(체)善(선)
根(근)悉(실)以(이)迴(회)向(향)
爲(위)諸(제)衆(중)生(생)功(공)德(덕)之(지)藏(장)住(주)究(구)
竟(경)道(도)普(보)覆(부)一(일)切(체)於(어)虛(허)妄(망)道(도)中(중)
拔(발)出(출)衆(중)生(생)令(령)其(기)安(안)住(주)一(일)切(체)善(선)
法(법)徧(변)諸(제)境(경)界(계)無(무)斷(단)無(무)盡(진)開(개)一(일)
切(체)智(지)菩(보)提(리)之(지)門(문)建(립)立(립)智(지)幢(당)嚴(엄)

淨(정)大(대)道(도)普(보)能(능)示(시)現(현)一(일)切(체)世(세)間(간)
令(령)除(제)垢(구)染(염)心(심)善(선)調(조)伏(복)生(생)如(여)來(래)
家(가)淨(정)佛(불)種(종)性(성)功(공)德(덕)具(구)足(족)作(작)大(대)
福(복)田(전)爲(위)世(세)所(소)依(의)安(안)立(립)衆(중)生(생)咸(함)
令(령)淸(청)淨(정)常(상)勤(근)修(수)習(습)一(일)切(체)善(선)根(근)
佛(불)子(자)菩(보)薩(살)摩(마)訶(하)薩(살)以(이)淨(정)志(지)
願(원)菩(보)提(리)心(심)力(력)修(수)諸(제)善(선)根(근)時(시)作(작)

是念言此諸善根是菩提心
시념언차제선근시보리심

之所積集是菩提心之所思
지소적집시보리심지소사

惟是菩提心之所發起
유시보리심지소발기

是菩提心之所志樂是菩
시보리심지소지락시보

提心之所增益皆爲憐愍一
리심지소증익개위련민일

切衆生皆爲趣求一切種智
체중생개위취구일체종지

皆爲成就如來十力作是念
개위성취여래십력작시념

時(시) 善(선) 根(근) 增(증) 進(진) 永(영) 不(불) 退(퇴) 轉(전)

佛(불) 子(자) 菩(보) 薩(살) 摩(마) 訶(하) 薩(살) 復(부) 作(작) 是(시)

念(념) 願(원) 我(아) 以(이) 此(차) 善(선) 根(근) 果(과) 報(보) 盡(진) 未(미)

來(래) 劫(겁) 修(수) 菩(보) 薩(살) 行(행) 悉(실) 以(이) 惠(혜) 施(시) 一(일)

切(체) 衆(중) 生(생) 悉(실) 以(이) 迴(회) 向(향) 一(일) 切(체) 衆(중) 生(생)

普(보) 徧(변) 無(무) 餘(여)

願(원) 令(령) 阿(아) 僧(승) 祇(기) 世(세) 界(계) 珍(진) 寶(보) 充(충)

充 충	上 상	世 세	界 계	世 세	僧 승	滿 만
滿 만	味 미	界 계	無 무	界 계	祇 기	阿 아
阿 아	充 충	妙 묘	量 량	莊 장	世 세	僧 승
僧 승	滿 만	華 화	摩 마	嚴 엄	界 계	祇 기
祇 기	阿 아	充 충	尼 니	具 구	妙 묘	世 세
世 세	僧 승	滿 만	寶 보	充 충	香 향	界 계
界 계	祇 기	阿 아	充 충	滿 만	充 충	衣 의
牀 상	世 세	僧 승	滿 만	阿 아	滿 만	服 복
座 좌	界 계	祇 기	阿 아	僧 승	阿 아	充 충
充 충	財 재	世 세	僧 승	祇 기	僧 승	滿 만
滿 만	貨 화	界 계	祇 기	世 세	祇 기	阿 아

蓋(개)以(이)寶(보)帳(장)敷(부)以(이)妙(묘)衣(의)阿(아)僧(승)祇(기)
世(세)界(계)種(종)種(종)莊(장)嚴(엄)寶(보)冠(관)充(충)滿(만)假(가)
使(사)一(일)人(인)盡(진)未(미)來(래)劫(겁)常(상)來(래)求(구)索(색)
以(이)此(차)等(등)物(물)而(이)惠(혜)施(시)之(지)未(미)曾(증)厭(염)
倦(권)而(이)有(유)休(휴)息(식)
如(여)於(어)一(일)人(인)於(어)一(일)切(체)衆(중)生(생)悉(실)
亦(역)如(여)是(시)佛(불)子(자)菩(보)薩(살)摩(마)訶(하)薩(살)如(여)

是施時無虛僞心無希望心
시시시무허위심무희망심

無名譽心無中悔心無熱惱
무명예심무중회심무열뇌

心但發專求一切智道心一
심단발전구일체지도심일

切悉捨心哀愍衆生心教化
체실사심애민중생심교화

成熟心皆令安住一切智智
성숙심개령안주일체지지

心
심

佛子菩薩摩訶薩以諸善
불자보살마하살이제선

寶 보	上 상	象 상	衆 중	薩 살	惠 혜	根 근
而 이	立 립	充 충	生 생	摩 마	施 시	如 여
爲 위	金 금	滿 만	故 고	訶 하	住 주	是 시
莊 장	幢 당	七 칠	欲 욕	薩 살	一 일	迴 회
嚴 엄	金 금	支 지	令 령	復 부	切 체	向 향
以 이	網 망	具 구	阿 아	作 작	智 지	盡 진
用 용	彌 미	足 족	僧 승	是 시	智 지	未 미
布 보	覆 부	性 성	祇 기	念 념	心 심	來 래
施 시	種 종	極 극	世 세	我 아	佛 불	劫 겁
願 원	種 종	調 조	界 계	爲 위	子 자	常 상
令 령	妙 묘	順 순	寶 보	一 일	菩 보	行 행

阿僧祇世界寶馬充滿如龍 (아승기세계보마충만여룡)
馬王種種衆寶莊嚴之具而 (마왕종종중보장엄지구이)
嚴飾之持用布施 (엄식지지용보시)
願令阿僧祇世界妓女充 (원령아승기세계기녀충)
滿悉能敷奏種種妙音持用 (만실능부주종종묘음지용)
布施願令阿僧祇世界男女 (보시원령아승기세계남녀)
充滿持用布施願令阿僧祇 (충만지용보시원령아승기)

其 기	界 계	滿 만	施 시	頭 두	用 용	世 세
中 중	己 기	而 이	願 원	充 충	布 보	界 계
心 심	身 신	用 용	令 령	滿 만	施 시	己 기
無 무	血 혈	布 보	阿 아	起 기	願 원	身 신
顧 고	肉 육	施 시	僧 승	不 불	令 령	充 충
戀 련	及 급	願 원	祇 기	放 방	阿 아	滿 만
持 지	以 이	令 령	世 세	逸 일	僧 승	發 발
用 용	骨 골	阿 아	界 계	心 심	祇 기	菩 보
布 보	髓 수	僧 승	己 기	而 이	世 세	提 리
施 시	充 충	祇 기	眼 안	用 용	界 계	心 심
願 원	滿 만	世 세	充 충	布 보	己 기	而 이

如 여	住 주	是 시	持 지	祇 기	滿 만	令 령
一 일	廣 광	等 등	用 용	世 세	其 기	阿 아
衆 중	大 대	種 종	布 보	界 계	中 중	僧 승
生 생	一 일	種 종	施 시	奴 노	持 지	祇 기
盡 진	切 체	諸 제	菩 보	僕 복	用 용	世 세
衆 중	施 시	物 물	薩 살	作 작	布 보	界 계
生 생	心 심	盡 진	摩 마	使 사	施 시	自 자
界 계	施 시	未 미	訶 하	充 충	願 원	在 재
一 일	一 일	來 래	薩 살	滿 만	令 령	王 왕
切 체	衆 중	劫 겁	以 이	其 기	阿 아	位 위
衆 중	生 생	安 안	如 여	中 중	僧 승	充 충

生(생) 皆(개) 如(여) 是(시) 施(시)

佛(불) 子(자) 菩(보) 薩(살) 摩(마) 訶(하) 薩(살) 於(어) 一(일) 世(세)

界(계) 盡(진) 未(미) 來(래) 劫(겁) 修(수) 菩(보) 薩(살) 行(행) 以(이) 是(시)

等(등) 物(물) 施(시) 一(일) 衆(중) 生(생) 如(여) 是(시) 給(급) 施(시) 一(일)

切(체) 衆(중) 生(생) 皆(개) 令(령) 滿(만) 足(족) 如(여) 於(어) 一(일) 世(세)

界(계) 於(어) 盡(진) 虛(허) 空(공) 徧(변) 法(법) 界(계) 一(일) 切(체) 世(세)

界(계) 中(중) 悉(실) 亦(역) 如(여) 是(시)

縛 박	時 시		一 일	令 령	哀 애	
心 심	生 생	佛 불	彈 탄	施 시	愍 민	大 대
解 해	於 어	子 자	指 지	行 행	隨 수	悲 비
脫 탈	此 차	菩 보	頃 경	遇 우	其 기	普 보
心 심	心 심	薩 살	生 생	緣 연	所 소	覆 부
大 대	所 소	摩 마	疲 피	而 이	須 수	終 종
力 력	謂 위	訶 하	倦 권	息 식	供 공	無 무
心 심	無 무	薩 살	心 심	乃 내	給 급	間 간
甚 심	著 착	如 여		至 지	供 공	息 식
深 심	心 심	是 시		不 불	養 양	普 보
心 심	無 무	施 시		於 어	不 불	加 가

善攝心無執心無壽者心善
선섭심무집심무수자심선

調伏心不散亂心不妄計心
조복심불산란심불망계심

具種種寶性心不求果報心
구종종보성심불구과보심

了達一切法心住大迴向心
료달일체법심주대회향심

善決諸義心令一切衆生住心
선결제의심령일체중생주심

無上智心生大法光明心入
무상지심생대법광명심입

一切智智心
일체지지심

사경의 공덕은 십만억 부처님께 공양한 것과 같은 공덕이 있습니다.

佛子菩薩摩訶薩以所集
불자보살마하살이소집

善根於念念中如是迴向所
선근어념념중여시회향소

謂願一切衆生財寶豊足無
위원일체중생재보풍족무

所乏少願一切衆生成就無
소핍소원일체중생성취무

盡大功德藏願一切衆生具
진대공덕장원일체중생구

足一切安隱快樂願一切衆
족일체안은쾌락원일체중

生增長菩薩摩訶薩業願一
생증장보살마하살업원일

切(체)衆(중)生(생)成(성)滿(만)無(무)量(량)第(제)一(일)勝(승)法(법)

願(원)一(일)切(체)衆(중)生(생)得(득)不(불)退(퇴)轉(전)一(일)切(체)

智(지)乘(승)願(원)一(일)切(체)衆(중)生(생)普(보)見(견)十(시)方(방)

一(일)切(체)諸(제)佛(불)願(원)一(일)切(체)衆(중)生(생)永(영)離(리)

世(세)間(간)諸(제)惑(혹)塵(진)垢(구)願(원)一(일)切(체)衆(중)生(생)

皆(개)得(득)清(청)淨(정)平(평)等(등)之(지)心(심)願(원)一(일)切(체)

衆(중)生(생)離(리)諸(제)難(난)處(처)得(득)一(일)切(체)智(지)

佛子菩薩摩訶薩如是迴
向時發歡喜心爲令一切衆
生得利益安樂心故爲令一切
衆生得平等心故爲令一切
衆生住能捨心故爲令一切
衆生住一切施心故爲令一
切衆生住歡喜施心故爲令

來 래	心 심	衆 중	無 무	寶 보	故 고	一 일
劫 겁	故 고	生 생	數 수	施 시	爲 위	切 체
無 무	爲 위	住 주	財 재	心 심	令 령	衆 중
斷 단	令 령	普 보	寶 보	故 고	一 일	生 생
施 시	一 일	施 시	施 시	爲 위	切 체	住 주
心 심	切 체	無 무	心 심	令 령	衆 중	永 영
故 고	衆 중	量 량	故 고	一 일	生 생	離 리
爲 위	生 생	施 시	爲 위	切 체	住 주	貧 빈
令 령	住 주	一 일	令 령	衆 중	一 일	窮 궁
一 일	盡 진	切 체	一 일	生 생	切 체	施 시
切 체	未 미	施 시	切 체	住 주	財 재	心 심

사경의 공덕은 십만억 부처님께 공양한 것과 같은 공덕이 있습니다.

衆生住一切悉捨無悔無惱
施心故
爲令一切衆生住悉捨一
切資生之物施心故爲令一
切衆生住隨順施心故爲令
一切衆生住攝取施心故爲
令一切衆生住廣大施心故

爲(위) 令(령) 一(일) 切(체) 衆(중) 生(생) 住(주) 捨(사) 無(무) 量(량) 莊(장)
嚴(엄) 具(구) 供(공) 養(양) 施(시) 心(심) 故(고) 爲(위) 令(령) 一(일) 切(체)
衆(중) 生(생) 住(주) 無(무) 著(착) 施(시) 心(심) 故(고) 爲(위) 令(령) 一(일)
切(체) 衆(중) 生(생) 住(주) 平(평) 等(등) 施(시) 心(심) 故(고)
爲(위) 令(령) 一(일) 切(체) 衆(중) 生(생) 住(주) 如(여) 金(금) 剛(강)
極(극) 大(대) 力(력) 施(시) 心(심) 故(고) 爲(위) 令(령) 一(일) 切(체) 衆(중)
生(생) 住(주) 如(여) 日(일) 光(광) 明(명) 施(시) 心(심) 故(고) 爲(위) 令(령)

一切衆生住攝如來智施心 (일체중생주섭여래지시심)
故爲令一切衆生善根眷屬 (고위령일체중생선근권속)
具足故爲令一切衆生善根 (구족고위령일체중생선근)
智慧常現在前故爲令一切 (지혜상현재전고위령일체)
衆生得不可壞淨心圓滿故 (중생득불가괴정심원만고)
爲令一切衆生成就最勝淸 (위령일체중생성취최승청)
淨善根故 (정선근고)

生 생	滿 만	德 덕	一 일	生 생	眠 면	
具 구	無 무	故 고	切 체	滅 멸	中 중	爲 위
足 족	能 능	爲 위	衆 중	除 제	得 득	令 령
淸 청	壞 괴	令 령	生 생	一 일	覺 각	一 일
淨 정	者 자	一 일	得 득	切 체	悟 오	切 체
不 부	故 고	切 체	平 평	諸 제	故 고	衆 중
動 동	爲 위	衆 중	等 등	疑 의	爲 위	生 생
三 삼	令 령	生 생	智 지	惑 혹	令 령	於 어
昧 매	一 일	功 공	慧 혜	故 고	一 일	煩 번
故 고	切 체	德 덕	淨 정	爲 위	切 체	惱 뇌
爲 위	衆 중	圓 원	功 공	令 령	衆 중	睡 수

令一切衆生住不可壞一切
령일체중생주불가괴일체

智智故
지지고

爲令一切衆生成滿菩薩
위령일체중생성만보살

無量淸淨神通行故爲令一
무량청정신통행고위령일

切衆生修集無著善根故爲
체중생수집무착선근고위

令一切衆生念去來今一切
령일체중생념거래금일체

諸佛心淸淨故爲令一切衆
제불심청정고위령일체중

生(생)出(출)生(생)清(청)淨(정)勝(승)善(선)根(근)故(고)爲(위)令(령)
一(일)切(체)衆(중)生(생)滅(멸)除(제)一(일)切(체)魔(마)所(소)作(작)
業(업)障(장)道(도)法(법)故(고)爲(위)令(령)一(일)切(체)衆(중)生(생)
具(구)足(족)無(무)礙(애)清(청)淨(정)平(평)等(등)功(공)德(덕)法(법)
故(고)爲(위)令(령)一(일)切(체)衆(중)生(생)以(이)廣(광)大(대)心(심)
常(상)念(념)諸(제)佛(불)無(무)懈(해)廢(폐)故(고)
爲(위)令(령)一(일)切(체)衆(중)生(생)常(상)近(근)諸(제)佛(불)

勤근 供공 養양 故고 爲위 令령 一일 切체 衆중 生생 廣광
開개 一일 切체 諸제 善선 根근 門문 普보 能능 圓원 滿만
白백 淨정 法법 故고 爲위 令령 一일 切체 衆중 生생 無무
量량 心심 廣광 大대 心심 最최 勝승 心심 悉실 淸청 淨정
故고 爲위 令령 一일 切체 衆중 生생 成성 就취 淸청 淨정
等등 施시 心심 故고 爲위 令령 一일 切체 衆중 生생 奉봉
持지 諸제 佛불 尸시 波바 羅라 蜜밀 等등 淸청 淨정 故고

사경의 공덕은 십만억 부처님께 공양한 것과 같은 공덕이 있습니다.

爲令一切衆生得大堪忍波 (위령일체중생득대감인바)

羅蜜故爲令一切衆生住精 (라밀고위령일체중생주정)

進波羅蜜常無懈故爲令一 (진바라밀상무해고위령일)

切衆生住無量定能起種種 (체중생주무량정능기종종)

神通智故爲令一切衆生得 (신통지고위령일체중생득)

知一切法無體性般若波羅 (지일체법무체성반야바라)

蜜故爲令一切衆生圓滿無 (밀고위령일체중생원만무)

邊(변)淨(정)法(법)界(계)故(고)

爲(위)令(령)一(일)切(체)衆(중)生(생)成(성)滿(만)一(일)切(체)

神(신)通(통)淸(청)淨(정)善(선)根(근)故(고)爲(위)令(령)一(일)切(체)

衆(중)生(생)住(주)平(평)等(등)行(행)積(적)集(집)善(선)法(법)悉(실)

圓(원)滿(만)故(고)爲(위)令(령)一(일)切(체)衆(중)生(생)善(선)入(입)

一(일)切(체)諸(제)佛(불)境(경)界(계)悉(실)周(주)徧(변)故(고)爲(위)

令(령)一(일)切(체)衆(중)生(생)身(신)口(구)意(의)業(업)普(보)淸(청)

淨정 故고 爲위 令령 一일 切체 衆중 生생 善선 業업 果과

報보 普보 淸청 淨정 故고 爲위 令령 一일 切체 衆중 生생

了료 達달 諸제 法법 普보 淸청 淨정 故고 爲위 令령 一일

切체 衆중 生생 了료 達달 實실 義의 普보 淸청 淨정 故고

爲위 令령 一일 切체 衆중 生생 修수 諸제 勝승 行행

普보 淸청 淨정 故고 爲위 令령 一일 切체 衆중 生생 成성

就취 一일 切체 菩보 薩살 大대 願원 普보 淸청 淨정 故고

사경의 공덕은 십만억 부처님께 공양한 것과 같은 공덕이 있습니다.

爲令一切衆生證得一切功
(위령일체중생증득일체공)

德智慧普淸淨故爲令一切
(덕지혜보청정고위령일체)

衆生成就一切同體善根廻
(중생성취일체동체선근회)

向出生一切智乘普圓滿故
(향출생일체지승보원만고)

爲令一切衆生嚴淨一切諸
(위령일체중생엄정일체제)

佛國土普圓滿故爲令一切
(불국토보원만고위령일체)

衆生見一切佛而無所著普
(중생견일체불이무소착보)

圓滿故 (원만고)

爲令一切衆生具諸相好 (위령일체중생구제상호)

功德莊嚴普圓滿故爲令一 (공덕장엄보원만고위령일)

切衆生得六十種音聲發言 (체중생득육십종음성발언)

誠諦皆可信受百千種法而 (성제개가신수백천종법이)

以莊嚴如來無礙功德妙音 (이장엄여래무애공덕묘음)

悉圓滿故爲令一切衆生成 (실원만고위령일체중생성)

轉 전		人 인	爲 위	盡 진	爲 위	就 취
不 불	爲 위	中 중	令 령	法 법	令 령	十 십
退 퇴	令 령	之 지	一 일	明 명	一 일	力 력
轉 전	一 일	雄 웅	切 체	一 일	切 체	莊 장
無 무	切 체	師 사	衆 중	切 체	衆 중	嚴 엄
盡 진	衆 중	子 자	生 생	辯 변	生 생	無 무
法 법	生 생	吼 후	得 득	才 재	得 득	礙 애
輪 륜	得 득	故 고	無 무	普 보	一 일	平 평
故 고	一 일		上 상	圓 원	切 체	等 등
爲 위	切 체		無 무	滿 만	佛 불	心 심
令 령	智 지		畏 외	故 고	無 무	故 고

大 대	切 체	無 무	故 고	以 이	說 설	一 일
莊 장	衆 중	上 상	爲 위	時 시	普 보	切 체
嚴 엄	生 생	法 법	令 령	修 수	圓 원	衆 중
諸 제	於 어	寶 보	一 일	習 습	滿 만	生 생
佛 불	一 일	等 등	切 체	淸 청	故 고	了 료
莊 장	莊 장	淸 청	衆 중	淨 정	爲 위	一 일
嚴 엄	嚴 엄	淨 정	生 생	善 선	令 령	切 체
普 보	無 무	故 고	成 성	法 법	一 일	法 법
圓 원	量 량	爲 위	就 취	普 보	切 체	開 개
滿 만	莊 장	令 령	導 도	圓 원	衆 중	示 시
故 고	嚴 엄	一 일	師 사	滿 만	生 생	演 연

爲(위)令(령)一(일)切(체)衆(중)生(생)等(등)入(입)三(삼)世(세)所(소)

有(유)境(경)界(계)悉(실)周(주)徧(변)故(고)

爲(위)令(령)一(일)切(체)衆(중)生(생)悉(실)能(능)往(왕)詣(예)

一(일)切(체)佛(불)刹(찰)聽(청)受(수)正(정)法(법)無(무)不(불)徧(변)

故(고)爲(위)令(령)一(일)切(체)衆(중)生(생)智(지)慧(혜)利(리)益(익)

爲(위)世(세)所(소)宗(종)與(여)佛(불)等(등)故(고)爲(위)令(령)一(일)

切(체)衆(중)生(생)以(이)一(일)切(체)智(지)知(지)一(일)切(체)法(법)

普보 圓원 滿만 故고 爲위 令령 一일 切체 衆중 生생 行행

不부 動동 業업 得득 無무 礙애 果과 普보 圓원 滿만 故고

爲위 令령 一일 切체 衆중 生생 所소 有유 諸제 根근 咸함

得득 神신 通통 能능 知지 一일 切체 衆중 生생 根근 故고

爲위 令령 一일 切체 衆중 生생 得득 無무 差차 別별

平평 等등 智지 慧혜 於어 一일 相상 法법 普보 清청 淨정

故고 爲위 令령 一일 切체 衆중 生생 與여 理리 無무 違위

一(일)切(체)善(선)根(근)悉(실)具(구)足(족)故(고)爲(위)令(령)一(일)
切(체)衆(중)生(생)於(어)一(일)切(체)菩(보)薩(살)自(자)在(재)神(신)
通(통)悉(실)明(명)達(달)故(고)爲(위)令(령)一(일)切(체)衆(중)生(생)
得(득)一(일)切(체)佛(불)無(무)盡(진)功(공)德(덕)若(약)福(복)若(약)
智(지)悉(실)平(평)等(등)故(고)爲(위)令(령)一(일)切(체)衆(중)生(생)
發(발)菩(보)提(리)心(심)解(해)一(일)切(체)法(법)平(평)等(등)一(일)
相(상)無(무)遺(유)缺(결)故(고)

無 무	故 고	切 체	爲 위	切 체	爲 위	
能 능	爲 위	衆 중	諸 제	衆 중	世 세	爲 위
摧 최	令 령	生 생	施 시	生 생	最 최	令 령
伏 복	一 일	堅 견	者 자	成 성	上 상	一 일
故 고	切 체	固 고	大 대	就 취	福 복	切 체
爲 위	衆 중	第 제	力 력	平 평	德 덕	衆 중
令 령	生 생	一 일	田 전	等 등	田 전	生 생
一 일	見 견	無 무	故 고	淸 청	故 고	了 료
切 체	必 필	能 능	爲 위	淨 정	爲 위	達 달
衆 중	蒙 몽	沮 저	令 령	大 대	令 령	正 정
生 생	益 익	壞 괴	一 일	悲 비	一 일	法 법

成滿最勝平等心故爲令一
성만최승평등심고위령일

切衆生善能了達一切諸法
체중생선능료달일체제법

得大無畏故爲令一切衆生
득대무외고위령일체중생

放一光明普照十方一切世
방일광명보조시방일체세

界故
계고

爲令一切衆生普修一切
위령일체중생보수일체

菩薩精進行無懈退故爲令
보살정진행무해퇴고위령

一切衆生以一行願普滿一 (일체중생이일행원보만일)
切諸行願故爲令一切衆生 (체제행원고위령일체중생)
以一妙音普使聞者皆得解 (이일묘음보사문자개득해)
故爲令一切衆生悉能具足 (고위령일체중생실능구족)
一切菩薩淸淨心故爲令一 (일체보살청정심고위령일)
切衆生普得値遇諸善知識 (체중생보득치우제선지식)
咸承事故爲令一切衆生修 (함승사고위령일체중생수)

集 집	向 향	知 지	故 고	具 구		菩 보
一 일	故 고	一 일	爲 위	一 일	爲 위	薩 살
切 체	爲 위	切 체	令 령	切 체	令 령	行 행
善 선	令 령	心 심	一 일	音 음	一 일	調 조
根 근	一 일	以 이	切 체	隨 수	切 체	伏 복
安 안	切 체	一 일	衆 중	機 기	衆 중	衆 중
立 립	衆 중	切 체	生 생	廣 광	生 생	生 생
衆 중	生 생	善 선	能 능	演 연	以 이	不 불
生 생	常 상	根 근	以 이	無 무	妙 묘	休 휴
於 어	樂 락	等 등	一 일	斷 단	辯 변	息 식
淨 정	積 적	迴 회	心 심	盡 진	才 재	故 고

智故爲令一切衆生得一切
지고위령일체중생득일체

智福德智慧淸淨身故爲令
지복덕지혜청정신고위령

一切衆生善知一切衆生善
일체중생선지일체중생선

根觀察廻向普成就故
근관찰회향보성취고

爲令一切衆生得一切智
위령일체중생득일체지

成等正覺普圓滿故爲令一
성등정각보원만고위령일

切衆生得具足神通智於一
체중생득구족신통지어일

處出興一切諸處皆出興故 (처출흥일체제처개출흥고)
爲令一切衆生得普莊嚴智 (위령일체중생득보장엄지)
嚴淨一衆會一切衆會皆嚴 (엄정일중회일체중회개엄)
淨故爲令一切衆生於一佛 (정고위령일체중생어일불)
國土普見一切佛國土故 (국토보견일체불국토고)
爲令一切衆生以一切莊 (위령일체중생이일체장)
嚴具不可說莊嚴具無量莊 (엄구불가설장엄구무량장)

異 이	故 고	諸 제	甚 심	切 체	諸 제	嚴 엄
一 일	爲 위	如 여	深 심	衆 중	佛 불	具 구
切 체	令 령	來 래	義 의	生 생	國 국	無 무
功 공	一 일	最 최	故 고	於 어	土 토	盡 진
德 덕	切 체	上 상	爲 위	一 일	普 보	莊 장
自 자	衆 중	第 제	令 령	切 체	周 주	嚴 엄
在 재	生 생	一 일	一 일	法 법	徧 변	具 구
神 신	得 득	自 자	切 체	悉 실	故 고	莊 장
通 통	非 비	在 재	衆 중	能 능	爲 위	嚴 엄
故 고	一 일	神 신	生 생	決 결	令 령	一 일
爲 위	非 비	通 통	得 득	了 료	一 일	切 체

令一切衆生具足一切平等
령일체중생구족일체평등

善根普爲諸佛灌其頂故爲
선근보위제불관기정고위

令一切衆生悉得成滿淸淨
령일체중생실득성만청정

智身於諸有中最尊勝故
지신어제유중최존승고

佛子菩薩摩訶薩如是悲
불자보살마하살여시비

愍利益安樂一切衆生咸令
민리익안락일체중생함령

淸淨遠離慳嫉受勝妙生具
청정원리간질수승묘생구

行 행	無 무	無 무	離 리	軟 연	及 급	大 대
調 조	惱 뇌	退 퇴	行 행	無 무	諸 제	威 위
伏 복	無 무	轉 전	堅 견	有 유	翳 예	德 덕
衆 중	失 실	白 백	固 고	諂 첨	濁 탁	生 생
生 생	善 선	淨 정	不 불	曲 곡	其 기	大 대
滅 멸	巧 교	法 법	壞 괴	迷 미	心 심	信 신
除 제	迴 회	力 력	平 평	惑 혹	淸 청	解 해
一 일	向 향	具 구	等 등	愚 우	淨 정	永 영
切 체	常 상	足 족	之 지	癡 치	質 질	離 리
諸 제	修 수	成 성	心 심	行 행	直 직	瞋 진
不 불	正 정	就 취	永 영	出 출	柔 유	恚 에

善業修行苦行一切善根
선업수행고행일체선근

又勸衆生令其修習普爲
우권중생령기수습보위

含識具受衆苦以大智眼觀
함식구수중고이대지안관

諸善根知其悉以智慧爲性
제선근지기실이지혜위성

方便迴向一切衆生
방편회향일체중생

爲令一切衆生悉得安住
위령일체중생실득안주

一切淸淨功德處故爲令一
일체청정공덕처고위령일

사경의 공덕은 십만억 부처님께 공양한 것과 같은 공덕이 있습니다.

生 생	一 일	中 중	爲 위	切 체	知 지	切 체
一 일	切 체	種 종	令 령	衆 중	諸 제	衆 중
一 일	衆 중	諸 제	一 일	生 생	功 공	生 생
皆 개	生 생	善 선	切 체	普 보	德 덕	悉 실
令 령	普 보	法 법	衆 중	淨 정	性 성	能 능
趣 취	能 능	心 심	生 생	一 일	及 급	攝 섭
一 일	攝 섭	無 무	於 어	切 체	義 의	受 수
切 체	受 수	悔 회	福 복	諸 제	故 고	一 일
智 지	一 일	故 고	田 전	善 선	爲 위	切 체
故 고	切 체	爲 위	境 경	根 근	令 령	善 선
爲 위	衆 중	令 령	界 계	故 고	一 일	根 근

令(령)一(일)切(체)衆(중)生(생)普(보)攝(섭)一(일)切(체)所(소)有(유)
善(선)根(근)一(일)一(일)皆(개)與(여)平(평)等(등)迴(회)向(향)而(이)
相(상)應(응)故(고)
又(우)以(이)諸(제)善(선)根(근)如(여)是(시)迴(회)向(향)所(소)
謂(위)願(원)一(일)切(체)衆(중)生(생)究(구)竟(경)安(안)隱(은)願(원)
一(일)切(체)衆(중)生(생)究(구)竟(경)清(청)淨(정)願(원)一(일)切(체)
衆(중)生(생)究(구)竟(경)安(안)樂(락)願(원)一(일)切(체)衆(중)生(생)

	切 체	願 원	淨 정	願 원	平 평	究 구
佛 불	衆 중	一 일	法 법	一 일	等 등	竟 경
子 자	生 생	切 체	願 원	切 체	願 원	解 해
菩 보	具 구	衆 중	一 일	衆 중	一 일	脫 탈
薩 살	足 족	生 생	切 체	生 생	切 체	願 원
摩 마	十 십	善 선	衆 중	究 구	衆 중	一 일
訶 하	力 력	調 조	生 생	竟 경	生 생	切 체
薩 살	調 조	其 기	得 득	安 안	究 구	衆 중
如 여	伏 복	心 심	無 무	住 주	竟 경	生 생
是 시	衆 중	願 원	礙 애	諸 제	了 료	究 구
迴 회	生 생	一 일	眼 안	白 백	達 달	竟 경

一 일	向 향		法 법	衆 중	不 불	向 향
切 체	時 시	佛 불	不 불	生 생	著 착	時 시
衆 중	以 이	子 자	着 착	不 불	物 물	不 불
生 생	此 차	菩 보	無 무	著 착	不 불	著 착
成 성	善 선	薩 살	一 일	無 무	著 착	業 업
滿 만	根 근	摩 마	切 체	衆 중	剎 찰	不 불
佛 불	普 보	訶 하	法 법	生 생	不 불	著 착
智 지	施 시	薩 살		不 불	著 착	報 보
得 득	世 세	如 여		著 착	方 방	不 불
淸 청	間 간	是 시		一 일	不 불	著 착
淨 정	願 원	迴 회		切 체	著 착	身 신

心智慧明了內心寂靜外緣
심지혜명료내심적정외연

不動增長成就三世佛種
부동증장성취삼세불종

佛子菩薩摩訶薩修行如
불자보살마하살수행여

是迴向之時超出一切無能
시회향지시초출일체무능

過者一切世間所有言辭悉
과자일체세간소유언사실

共稱讚亦不可盡
공칭찬역불가진

普修一切菩薩諸行悉能
보수일체보살제행실능

往詣一切佛土普見諸佛無
왕예일체불토보견제불무

所障礙又能普見一切世界
소장애우능보견일체세계

菩薩所行以善方便爲諸衆
보살소행이선방편위제중

生分別諸法甚深句義得陀
생분별제법심심구의득다

羅尼演說妙法盡未來劫無
라니연설묘법진미래겁무

有斷絕
유단절

爲衆生故念念於不可說
위중생고념념어불가설

不可說世界猶如影像普現
(불가설세계유여영상보현)

其身供養諸佛念念嚴淨不
(기신공양제불념념엄정불)

可說不可說諸佛國土悉令
(가설불가설제불국토실령)

周徧修行嚴淨佛刹智慧而
(주변수행엄정불찰지혜이)

無厭足
(무염족)

念念令不可說不可說百
(염념령불가설불가설백)

千億那由他衆生清淨成就
(천억나유타중생청정성취)

平等滿足於彼一切諸國土
평등만족어피일체제국토

中勤修一切諸波羅蜜攝取
중근수일체제바라밀섭취

衆生成就淨業得無礙耳於
중생성취정업득무애이어

不可說不可說諸佛世界一
불가설불가설제불세계일

一如來所轉法輪聽聞受持
일여래소전법륜청문수지

精勤修習不生一念捨離之
정근수습불생일념사리지

心住無所得無依止無作無
심주무소득무의지무작무

著(착)菩(보)薩(살)神(신)通(통)於(어)一(일)刹(찰)那(나)一(일)彈(탄)
指(지)頃(경)分(분)身(신)普(보)詣(예)不(불)可(가)說(설)諸(제)佛(불)
世(세)界(계)與(여)諸(제)菩(보)薩(살)等(등)同(동)一(일)見(견)

佛(불)子(자)菩(보)薩(살)摩(마)訶(하)薩(살)如(여)是(시)修(수)
習(습)菩(보)薩(살)行(행)時(시)尙(상)能(능)成(성)滿(만)無(무)量(량)
不(불)可(가)說(설)不(불)可(가)說(설)淸(청)淨(정)功(공)德(덕)億(억)
念(념)稱(칭)讚(찬)所(소)不(불)能(능)盡(진)況(황)復(부)得(득)成(성)

無上菩提
一切佛刹平等清淨一切
衆生平等清淨一切身平等
淨一切根平等清淨一切
業果平等清淨一切衆會道
場平等清淨一切圓滿行平
等清淨一切法方便智平等

사경의 공덕은 십만억 부처님께 공양한 것과 같은 공덕이 있습니다.

清淨一切如來諸願迴向平
청정일체여래제원회향평

等清淨一切諸佛神通境界
등청정일체제불신통경계

平等清淨
평등청정

佛子菩薩摩訶薩如是迴
불자보살마하살여시회

向時得一切功德清淨歡喜
향시득일체공덕청정환희

法門無量功德圓滿莊嚴如
법문무량공덕원만장엄여

是迴向時衆生不違一切刹
시회향시중생불위일체찰

刹(찰) 不(불) 違(위) 一(일) 切(체) 衆(중) 生(생) 刹(찰) 衆(중) 生(생) 不(불)

違(위) 業(업) 業(업) 不(불) 違(위) 刹(찰) 衆(중) 生(생) 思(사) 不(불) 違(위)

心(심) 心(심) 不(불) 違(위) 思(사) 思(사) 心(심) 不(불) 違(위) 境(경) 界(계)

境(경) 界(계) 不(불) 違(위) 思(사) 心(심) 業(업) 不(불) 違(위) 報(보) 報(보)

不(불) 違(위) 業(업)

業(업) 不(불) 違(위) 業(업) 道(도) 業(업) 道(도) 不(불) 違(위) 業(업)

法(법) 性(성) 不(불) 違(위) 相(상) 法(법) 相(상) 不(불) 違(위) 性(성) 法(법)

生 생		等 등	不 불	不 불	等 등	生 생
安 안	離 이	不 불	違 위	違 위	不 불	不 불
住 주	欲 욕	違 위	一 일	刹 찰	違 위	違 위
平 평	際 제	一 일	切 체	平 평	衆 중	性 성
等 등	平 평	切 체	法 법	等 등	生 생	法 법
一 일	等 등	衆 중	平 평	一 일	平 평	性 성
切 체	不 불	生 생	等 등	切 체	等 등	不 불
衆 중	違 위	平 평	一 일	衆 중	衆 중	違 위
生 생	一 일	等 등	切 체	生 생	生 생	生 생
安 안	切 체		法 법	平 평	平 평	刹 찰
住 주	衆 중		平 평	等 등	等 등	平 평

平等不違離欲際平等過去
평등불위리욕제평등과거

不違未來未來不違過去過
불위미래미래불위과거과

去未來不違現在現在不違
거미래불위현재현재불위

過去未來世平等不違佛平
과거미래세평등불위불평

等佛平等不違世平等菩薩
등불평등불위세평등보살

行不違一切智一切智不違
행불위일체지일체지불위

菩薩行
보살행

사경의 공덕은 십만억 부처님께 공양한 것과 같은 공덕이 있습니다.

佛(불)子(자)菩(보)薩(살)摩(마)訶(하)薩(살)如(여)是(시)迴(회)

向(향)時(시)得(득)業(업)平(평)等(등)得(득)報(보)平(평)等(등)得(득)

身(신)平(평)等(등)得(득)方(방)便(편)平(평)等(등)得(득)願(원)平(평)

等(등)得(득)一(일)切(체)衆(중)生(생)平(평)等(등)得(득)一(일)切(체)

刹(찰)平(평)等(등)得(득)一(일)切(체)行(행)平(평)等(등)得(득)一(일)

切(체)智(지)平(평)等(등)得(득)三(삼)世(세)諸(제)佛(불)平(평)等(등)

得(득)承(승)事(사)一(일)切(체)諸(제)佛(불)得(득)供(공)養(양)一(일)

菩 보	得 득	衆 중	一 일	得 득	一 일	切 체
薩 살	成 성	會 회	切 체	了 료	切 체	菩 보
摩 마	滿 만	道 도	善 선	知 지	大 대	薩 살
訶 하	一 일	場 량	知 지	一 일	願 원	得 득
薩 살	切 체	得 득	識 식	切 체	得 득	種 종
第 제	白 백	通 통	得 득	業 업	教 교	一 일
七 칠	法 법	達 달	入 입	得 득	化 화	切 체
等 등	佛 불	一 일	一 일	承 승	一 일	善 선
隨 수	子 자	切 체	切 체	事 사	切 체	根 근
順 순	是 시	正 정	清 청	供 공	衆 중	得 득
一 일	爲 위	教 교	淨 정	養 양	生 생	滿 만

사경의 공덕은 십만억 부처님께 공양한 것과 같은 공덕이 있습니다.

切(체)衆(중)生(생)迴(회)向(향)

菩(보)薩(살)摩(마)訶(하)薩(살)成(성)就(취)此(차)迴(회)向(향)

則(즉)能(능)摧(최)滅(멸)一(일)切(체)魔(마)怨(원)拔(발)諸(제)欲(욕)

刺(자)得(득)出(출)離(리)樂(락)住(주)無(무)二(이)性(성)具(구)大(대)

威(위)德(덕)救(구)護(호)衆(중)生(생)爲(위)功(공)德(덕)王(왕)神(신)

足(족)無(무)礙(애)往(왕)一(일)切(체)刹(찰)入(입)寂(적)滅(멸)處(처)

具(구)一(일)切(체)身(신)成(성)菩(보)薩(살)行(행)於(어)諸(제)行(행)

願心得自在分別了知一切 (원심득자재분별료지일체)
諸法悉能徧生一切佛刹得 (제법실능변생일체불찰득)
無礙耳聞一切刹所有音聲 (무애이문일체찰소유음성)
得淨慧眼見一切佛未嘗暫 (득정혜안견일체불미상잠)
捨於一切境界成就善根心 (사어일체경계성취선근심)
無高下於一切法得無所得 (무고하어일체법득무소득)
菩薩摩訶薩以一切善根等 (보살마하살이일체선근등)

隨順一切衆生如是迴向

爾時金剛幢菩薩承佛神力

普觀十方而說頌言

菩薩所作諸功德
微妙廣大甚深遠
乃至一念而修行
悉能迴向無邊際

菩薩所有資生具
보살소유자생구

種種豐盈無限億
종종풍영무한억

香象寶馬以駕車
향상보마이가거

衣服珍財悉殊妙
의복진재실수묘

或以頭目幷手足
혹이두목병수족

或持身肉及骨髓
혹지신육급골수

悉徧十方無量刹
실변시방무량찰

普施一切令充徧
보시일체령충변

無量劫中所修習
무량겁중소수습

一切功德盡迴向
일체공덕진회향

爲欲救度諸群生
위욕구도제군생

其心畢竟不退轉
기심필경불퇴전

菩薩爲度衆生故
보살위도중생고

常修最勝迴向業
상수최승회향업

普令三界得安樂
보령삼계득안락

悉使當成無上果
실사당성무상과

菩薩普興平等願
보살보흥평등원

隨其所集清淨業
수기소집청정업

悉以迴施諸群生
실이회시제군생

如是大誓終無捨
여시대서종무사

菩薩願力無限礙
보살원력무한애

一切世間咸攝受 일체세간함섭수
如是迴向諸群生 여시회향제군생
未曾暫起分別心 미증잠기분별심
普願衆生智明了 보원중생지명료
布施持戒悉淸淨 보시지계실청정
精進修行不懈廢 정진수행불해폐
如是大誓無休息 여시대서무휴식

菩薩迴向到彼岸 (보살회향도피안)

普開淸淨妙法門 (보개청정묘법문)

智慧同於兩足尊 (지혜동어량족존)

分別實義得究竟 (분별실의득구경)

菩薩言辭已通達 (보살언사이통달)

種種智慧亦如是 (종종지혜역여시)

說法如理無障礙 (설법여리무장애)

而於其中心不著
이어기중심불착

常於諸法不作二
상어제법부작이

亦復不作於不二
역부부작어불이

於二不二並皆離
어이불이병개리

知其悉是語言道
지기실시어언도

知諸世間悉平等
지제세간실평등

莫非心語一切業
막비심어일체업

衆生幻化無有實 (중생환화무유실)
所有果報從茲起 (소유과보종자기)
一切世間之所有 (일체세간지소유)
種種果報各不同 (종종과보각부동)
莫不皆由業力成 (막불개유업력성)
若滅於業彼皆盡 (약멸어업피개진)
菩薩觀察諸世間 (보살관찰제세간)

身口意業悉平等
신구의업실평등

亦令衆生住平等
역령중생주평등

猶如無等大聖尊
유여무등대성존

菩薩善業悉迴向
보살선업실회향

普令衆生色清淨
보령중생색청정

福德方便皆具足
복덕방편개구족

同於無上調御士
동어무상조어사

사경의 공덕은 십만억 부처님께 공양한 것과 같은 공덕이 있습니다.

菩薩利益諸群生 (보살리익제군생)

功德大海盡迴向 (공덕대해진회향)

願使威光特超世 (원사위광특초세)

得成雄猛大力身 (득성웅맹대력신)

凡所修習諸功德 (범소수습제공덕)

願使世間普清淨 (원사세간보청정)

諸佛清淨無倫匹 (제불청정무륜필)

衆生清淨亦如是 (중생청정역여시)
菩薩於義得善巧 (보살어의득선교)
能知諸佛最勝法 (능지제불최승법)
以衆善業等迴向 (이중선업등회향)
願令庶品同如來 (원령서품동여래)
菩薩了知諸法空 (보살요지제법공)
一切世間無所有 (일체세간무소유)

사경의 공덕은 십만억 부처님께 공양한 것과 같은 공덕이 있습니다.

無有造作及作者 (무유조작급작자)

衆生業報亦不失 (중생업보역불실)

諸法寂滅非寂滅 (제법적멸비적멸)

遠離此二分別心 (원리차이분별심)

知諸分別是世見 (지제분별시세견)

入於正位分別盡 (입어정위분별진)

如是眞實諸佛子 (여시진실제불자)

從於如來法化生
종어여래법화생

彼能如是善迴向
피능여시선회향

世間疑惑悉除滅
세간의혹실제멸

發 願 文

귀의 삼보하옵고
거룩하신 부처님께 발원하옵나이다.

주　　소 : ______________________

전　　화 : ____________ 불 명 : ________ 성 명 : ________

불기 25 ________ 년 ________ 월 ________ 일